DE LA CHANSON

CONSIDÉRÉE

SOUS LE SEUL RAPPORT MUSICAL.

LU A LA SÉANCE PUBLIQUE DE LA SOCIÉTÉ LIBRE DES BEAUX-ARTS,
LE 10 MAI 1840.

> *M. Jourdain.* Ce que je vous dis à cette heure, qu'est-ce que c'est ?
> *Madame Jourdain.* Des chansons.
>
> MOLIÈRE. *Le Bourgeois gentilhomme*, acte III, scène 3.

AVERTISSEMENT.

Lorsque l'auteur lut ce morceau à la séance publique annuelle de la *Société libre des Beaux-Arts*, il crut devoir changer quelques mots aux dernières phrases ; plusieurs de ses collègues, moins confiants que lui dans la bénignité des auditeurs, avaient craint que sa pensée fût mal interprétée. Par la même raison et pour éviter toute difficulté, il a, lors de l'impression dans les *Annales* de la Société, entièrement supprimé le dernier alinéa : ici le véritable texte a été rétabli ou *restitué*, comme disent les commentateurs.

A

M. P.-J. DE BÉRANGER.

Monsieur,

Daignez accepter la dédicace de cet opuscule. Il a cela de particulier que, parmi tous ceux qui ont été publiés sur la chanson depuis une vingtaine d'années, il est le seul où il ne soit question qu'en passant du rare mérite de vos ouvrages : le point de vue sous lequel la matière était envisagée, et la circonstance dans laquelle ce petit travail devait être lu, m'interdisaient une telle digression, qui eût été d'ailleurs si fort de mon goût. Je n'ai su trouver d'autre moyen de réparer à cet égard la défectuosité de mon plan que de vous offrir ledit opuscule, en vous l'adressant par l'entremise de notre bon Wilhem, aux efforts persévérants duquel * vous devrez d'être bientôt chanté juste d'un bout de la France à l'autre.

Agréez, monsieur, ce faible tribut de mon respect et de mon admiration.

J. Adrien De Lafage,

---

* M. Bocquillon-Wilhem a fait à l'enseignement de la musique l'application du mode mutuel ; les succès qu'il a obtenus, surtout dans ces dernières années, n'ont laissé à désirer autre chose que de voir sa méthode prendre de nouveaux et de plus vastes développements. Nous apprenons avec un vif plaisir que l'Angleterre vient de l'adopter pour l'enseignement de ses écoles primaires.

DE LA CHANSON

CONSIDÉRÉE

SOUS LE SEUL RAPPORT MUSICAL,

La chanson offre à l'esprit une idée si nette et si dégagée, que l'on en conçoit dès l'abord la nature, le but et le caractère ; on embrasse du premier coup d'œil ses facultés et ses attributs ; enfin elle se fait si bien comprendre d'elle-même, que, malgré sa complication très-réelle, il est aisé d'en donner en peu de mots une définition satisfaisante. Cela vient sans doute de ce que la musique et la poésie, qui par leur étroite union constituent l'essence de la chanson, se présentent ici dans leur état le plus simple et le plus naturel, assorties par conséquent l'une et l'autre au goût et à l'intelligence de tous les hommes, des plus grossiers comme des plus polis. Les grandes compositions des arts et de la littérature ne sauraient souvent être comprises du vulgaire en raison des études antérieures que leur appréciation exige ou suppose : la chanson ne demande rien de pareil, elle est la poésie de qui sait lire, la musique de qui ne sait chanter.

De plus elle a eu de tout temps l'heureux privilége d'exciter au dedans de chacun je ne sais quelles idées tendres ou joyeuses au milieu desquelles l'esprit se complaît et se dilate. La chanson vit avec nous ; en parler c'est célébrer le premier cri d'allégresse de l'enfance, c'est rappeler les plus douces émotions de la jeunesse, c'est réchauffer les sens assoupis du vieillard. Aussi ancienne que le monde, la chanson n'est pas seulement de tous les âges, elle est de tous les lieux, de toutes les conditions, de toutes les circonstances. Elle quitte les mains parfumées de la beauté la plus gracieuse, qui la fredonne encore d'une voix négligemment délicate, pour passer entre les doigts laborieux du simple artisan qui va la reproduire avec les accents énergiques de sa robuste poitrine. Aucune invention des arts n'étend son cercle aussi loin ; elle se montre partout, et partout elle est bien accueillie ; il semble que l'orbite où elle se meut soit vraiment illimité, et l'on a pu dire plaisamment sans trop s'écarter de la vérité que l'histoire de la chanson c'était l'histoire universelle.

Celui qui, le premier, près d'un objet chéri chercha pour peindre l'état de son âme un langage plus accentué, plus pathétique, plus passionné, celui-là trouva la mélodie et par conséquent la chanson. On voit jusqu'où cela remonte ; et si l'on a dit, non sans fondement, que tout finissait par des chansons, on pourrait dire aussi, et avec tout autant d'exactitude, que c'est par là que tout a commencé.

Partout, en effet, les chansons existèrent avant que l'on connût les signes représentatifs des idées ; elles furent érotiques, religieuses, morales, législatives, et il est permis de conjecturer qu'à l'époque fortunée où les lois n'étaient que des chansons, tout le monde s'y soumettait sans difficulté ; il y avait alors fort peu de juges, de procureurs et d'avocats, et partant presque point de procès.

Quoi qu'il en soit, si la chanson a existé chez tous les peuples de l'antiquité, si elle a traversé les mauvais jours du moyen âge, et si, dans les temps modernes, son éclat est devenu plus brillant et son influence plus puissante que jamais, c'est surtout en France qu'elle semble avoir élu domicile. On peut contester sur la question de savoir si les Français naissent musiciens, mais tout le monde s'est accordé à dire qu'ils naissent chansonniers. « Dans cet heureux pays, dit J.-J. Rousseau, le peuple est toujours gai, tournant tout en plaisanterie ; les femmes y sont fort galantes, les hommes fort dissipés, et le pays produit d'excellents vins : le moyen de n'y pas chanter sans cesse ? » Nulle part en effet les formes de la chanson ne se sont autant multipliées ; c'est en France seulement qu'elle a réussi à prendre successivement tous les tons, à s'impré=

gner de tous les caractères de chaque époque ; c'est en France qu'elle a le plus visiblement exercé son autorité, produit, communiqué, développé le plus d'idées fécondes en tous genres, pénétrant dans l'intérieur de toutes les familles et s'infiltrant pour ainsi dire dans les mœurs et les habitudes de la vie. En aucun pays, un ministre ne se serait avisé de dire : *Qu'ils chantent, ils paieront;* et un peuple de répondre : *Payons, nous chanterons du moins, et nous nous en donnerons pour notre argent.* Athènes même, l'antique Athènes, cette divinité des artistes, n'eût pas ainsi répondu.

La chanson est donc une petite pièce poético-musicale susceptible, sous ce double rapport, de se plier à toutes les formes et de prendre tous les tons, sans cependant perdre le caractère d'unité et de simplicité qui lui donne son principal mérite et sa plus précieuse valeur.

Plusieurs écrivains ont parlé de la chanson comme œuvre poétique, mais aucun jusqu'à ce jour n'a songé à bien établir en cette occasion la part du chant et à examiner sa portion d'influence dans le succès des chansons ; c'est sur ce sujet que rouleront les idées que nous allons exposer.

Le législateur du Parnasse français, Boileau, parlant du *Vaudeville* pris dans le sens de chanson, a dit avec sa pureté ordinaire :

<pre>
Le Français né malin créa le vaudeville.
Agréable indiscret, qui, CONDUIT PAR LE CHANT,
Passe de bouche en bouche et s'accroît en marchant.
</pre>

Ce grand poëte a donc parfaitement senti que le chant jouait ici un rôle important et même indispensable. Beaumarchais a écrit depuis : « Ce qui ne vaut pas la peine d'être dit on le chante. » Le mot est une excellente épigramme, mais il dépasse le but ; peut-être eût-il été moins piquant et plus exact de dire : « On chante quelquefois ce qu'on ne lirait ou même ce qu'on ne dirait pas. »

Le chant est donc ici non pas, si l'on veut, le fond même et l'essence, mais un agent indispensable qui fournit à la création du poëte un appui et une escorte, sans lesquels celle-ci ne saurait se montrer. Je comparerais volontiers le rôle de la poésie dans la chanson à celui de la vapeur qui, sans le secours du feu, n'exercerait pas le moins du monde sa prodigieuse puissance. Sans la musique, la chanson n'est plus ; elle perd en un instant ses couleurs les plus animées, comme ces poissons dont les nuances riches d'or, d'argent et de pourpre, se ternissent aussitôt que l'animal est tiré de l'élément où il puise l'action et la vie.

Il y a mieux ; dans un grand nombre de cas et même dans le plus grand nombre, l'importance de la musique, par rapport aux paroles et quant au succès de l'ensemble, est bien plus considérable encore. Cet énoncé s'explique aisément si l'on observe que les chansons qui ont obtenu le succès le plus complet et le plus légitime ont été, à peu d'exceptions près, adaptées à des airs connus, et qu'il n'y a point eu pour elles de musique expressément composée. Parmi les corollaires découlant de cette proposition, il en est surtout un qui doit être mentionné ; c'est que, lorsqu'à une chanson parodiée sur un air connu, on veut appliquer un air spécial, il arrive d'ordinaire que le nouvel air pèche en quelque chose, et ne remplit pas certaines conditions, souvent des plus essentielles, que possédait l'air vulgaire primitivement choisi par le poëte. Cet air, en effet, avait imprimé à la création poétique un caractère spécial devenu aussitôt adhérent, en dépit de la différence possible entre les paroles nouvelles et celles pour lesquelles l'air avait été originairement écrit. La partie musicale des vieilles chansons produit ici l'effet de certains cachets anciens, altérés par le temps et le long usage, mais dont le chiffre et les contours n'ont pas cessé de s'apercevoir, et qui peuvent à la rigueur remplir encore pendant de nombreuses années l'objet pour lequel ils ont été destinés.

Il est aisé de faire à ce sujet des expériences, et ce n'est qu'après en avoir essayé plusieurs que je suis arrivé à conclure comme on vient de voir. Pour me faire mieux comprendre, je citerai deux exemples qui concernent des pièces familières à tout le monde. On a plusieurs fois adapté une musique nouvelle au *Dieu des bonnes gens,* l'une des plus admirables chansons de notre inimitable Béranger ; eh bien ! de tous ceux qui ont fait cette tentative, même en supposant que plusieurs aient assez bien réussi à exprimer le caractère si naïvement sublime de la poésie, aucun n'a pu arriver à faire mieux que le vaudeville de *la Partie carrée*, air adapté dans l'origine par le poëte, et dont pourtant les paroles originales présentaient un sens tout différent de celles qui recevaient ici la même application. Autre exemple : Il n'est personne qui ne connaisse la vieille chanson par laquelle nos joyeux pères se vengèrent à leur façon du mal que le duc de Marlborough, que nous appelons *Malbrouk*, avait fait à la France ; on y voit exposée une histoire de ce grand capitaine depuis le moment où il *s'en va-t-en guerre* jusqu'à celui où il est porté à sa dernière demeure par *quatre-z-officiers* ; essayons un peu, nous autres compositeurs, de remettre en musique ces anciennes paroles ; nous risquerons fort de nous battre longtemps les flancs, sans jamais arriver à faire rien qui surpasse, voire qui égale, ce singulier mélange de sérieux et de comique, principal caractère du vieil air de *Malbrouk*.

D'où vient cela ? c'est que l'on n'adapte des paroles nouvelles qu'à des airs généralement admis et devenus populaires ; or le peuple, ici plus encore que dans le reste, possède un admirable bon sens, qui, dans le cas actuel, est peut-être préférable même à un goût exercé. Le peuple saisit merveilleusement le caractère spécial des chansons, et c'est lui qui en fait vraiment le succès : il n'intervient pas habituellement dans le jugement du public sur les opéras et les autres compositions analogues ; mais la chanson ! elle est essentiellement de son domaine, il s'en empare, c'est sa consolation, c'est son bien, c'est son droit, il jouit de la chanson comme de l'air qu'il respire, comme du soleil qui l'éclaire et le réchauffe.

D'un tel fait résulte nécessairement une réaction sur les poëtes chansonniers, et ils ont grande raison de la subir volontiers, intéressés qu'ils sont à devenir populaires comme leurs chansons ; mais on ne fait pas attention que les musiciens possédaient déjà ce glorieux avantage, et que, le plus souvent, leurs airs étaient répandus dans le public longtemps avant que les paroles adaptées par les poëtes fussent écrites. Il s'est fait ainsi des milliers de paroles pour un seul air, qui semblait se renouveler autant de fois que se pratiquait l'opération du poëte. La musique en ce cas peut être comparée à ces essences précieuses, dont le parfum, toujours le même, s'identifie avec quantité d'autres odeurs plus ou moins analogues, leur communiquant une partie de sa nature et les modifiant de manière à en faire autant de parfums nouveaux.

On peut diviser et classer les chansons selon l'objet qui s'y traite : elles sont érotiques, philosophiques, bachiques, satiriques, militaires, patriotiques, grivoises, etc.

En tenant compte du caractère particulier qu'amènent ces distinctions et de la couleur qui en résulte pour la musique, il est permis d'affirmer que le mérite principal d'une bonne chanson consiste dans une pensée unique qui doit être neuve, franche et facile : cette pensée se réduit communément à deux, quatre, huit mesures au plus, tout le reste est accessoire; souvent même l'originalité d'une pièce naît d'une seule note heureusement placée. Cette dernière remarque a déjà été faite par Grétry, musicien peu savant, si l'on veut, mais doué d'une finesse et d'une profondeur de vues peu ordinaires, et pour sa part, auteur d'excellents airs ou pour mieux dire d'excellentes chansons. Ce compositeur, citant un menuet du célèbre hautboïste Fischer, observe avec raison que toute l'originalité de cette mélodie a sa source dans le début de la seconde mesure. Grétry ajoute qu'il a souvent tenté d'y substituer quelque autre chose et n'a jamais pu y réussir. Rien de plus juste, de mieux senti qu'une telle réflexion ; toute simple qu'elle est, peut-être en raison même de sa simplicité, elle ne pouvait avoir pour auteur qu'un grand artiste.

Il suffit, disons-nous, d'une pensée unique pour constituer la chanson, mais ce serait une grande erreur de croire que cette pensée vînt aisément, qu'elle vînt tous les jours, qu'elle vînt à tout le monde. Le nombre infini de médiocres, de mauvaises, de détestables chansons ou romances quotidiennement lancées dans le public, prouve surabondamment le contraire. Même chez les musiciens qui ont à cet égard le plus d'habitude, ces sortes d'inspirations se font parfois assez longtemps attendre ; semblables en ceci à ces élégants camées dont le travail précieux et fini reçoit une grande partie de son prix des accidents heureux de la pierre sur laquelle travaille l'artiste.

En France, la chanson a depuis un quart de siècle pris une tournure civilisée qui (je parle toujours musicalement) lui a fait perdre une partie de ses charmes ; on ne lui trouve plus son ancienne naïveté ; elle ressemble de nos jours à une villageoise endimanchée avec des habits de ville qui ôtent à ses mouvements toute grâce et toute souplesse. D'ailleurs plusieurs branches ont péri, et notamment ces airs si agréables par leur rondeur, c'est-à-dire par leur franche allure, par leur caractère simple et décidé. Hélas ! ces vieux monuments de la gaîté française n'existent plus que dans le souvenir de quelques provinciaux. On a rejeté les anciens refrains, et l'on ne sait rien dire aujourd'hui de plus déplaisant pour une composition musicale que de l'accuser de sentir le *flon flon* ; cependant que d'anciens flonflons, méprisés et oubliés, étaient des airs bien plus étudiés qu'on ne le pense, où, comme dans les vers des grands poëtes, le travail se dissimulait adroitement, de manière à donner à toute la composition une apparence de facilité et de spontanéité !

Il ne peut entrer dans l'idée d'un musicien de s'ériger en défenseur voué du flonflon, et telle n'est assurément pas ma pensée, mais il est bon de se rendre compte de tout, et l'on peut expliquer le flonflon sans pour cela proposer d'y revenir. Remarquons donc que les *flonflons*, les *farelaridadondaine*, les *turelure*, les *lonlanladarirette*, considérés de leur véritable point de vue, n'étaient pas si ridicules que certaines personnes pourraient aujourd'hui le croire. Ces formules ne sont autre chose que des onomatopées représentant le son des instruments ; elles servaient merveilleusement à signaler l'instant où la musique prenait d'une manière absolue le dessus de la parole, le moment où la poésie laissait à la musique le soin de faire comprendre ce qu'elle même renonçait à exprimer, lorsqu'emportée par un excès de gaîté et d'enthousiasme, ou bien encore par le besoin d'action, elle avait senti qu'il valait mieux laisser à sa rivale toute sa liberté. La musique seule pouvait en effet provoquer à l'instant, non pas cette danse *civilisée* où l'on ne danse plus, pas davantage cette danse savamment compassée et payée à tant par an et tant par feux ; mais ces pas animés, ces riantes gambades, ces rondes joyeuses, et toutes ces figures et postures naïves inspirées par la nature, gracieuses, variées et pittoresques comme elle.

Il suffira d'une preuve à l'appui de cette opinion ; c'est qu'en certains cas la musique peut avoir recours au flonflon dans des compositions même d'un ordre élevé. On en trouve un exemple fort heureux dans une des plus jolies pièces de l'illustre Cimarosa, dans le délicieux *Matrimonio segreto*. Au second acte, après la plaisante contestation qui forme la première moitié de l'excellent duo des deux basses, les personnages tombant enfin d'accord, expriment par un changement de mouvement leur satisfaction mutuelle ; puis, ne trouvant plus de paroles assez vives pour rendre la joie bouffonne qui s'empare d'eux, ils se mettent à chanter et à danser sur de simples syllabes ; et dès lors c'est la musique toute seule qui se charge de faire passer dans l'âme des spectateurs l'idée d'un contentement, d'une ivresse, d'une exaltation poussée jusqu'au délire.

On pourrait citer plusieurs autres exemples dans l'ancien comme dans le nouveau répertoire.

C'est aussi dans les chansons que se montre véritablement le type musical de chaque peuple ; en elles plus qu'en toute autre composition se reflète la physionomie des individus : de la comparaison des chansons des différents pays et de la diversité de leurs formes, on pourrait tirer d'utiles inductions sur l'influence que le climat et les vicissitudes politiques exercent sur le génie musical des habitants du globe, et chercher en même temps comment la musique réagit à son tour sur leurs goûts, leurs mœurs, leurs caractères.

Sous le rapport purement musical, le compositeur étudie soigneusement en chaque contrée les chansons indigènes ; il y distingue tantôt un caractère original de tonalité, ou de rhythme, tantôt un tour particulier de phrase, tantôt enfin une singularité quelconque de composition, et chacune de ces particularités est pour lui d'un vif intérêt. Du reste, il n'est pas seul à s'y complaire : ces sortes de pièces sont d'autant plus saisissantes qu'elles sont d'ordinaire courtes et précises ; en passant par la bouche de gens qui n'ont aucune notion de musique, elles ne perdent presque rien de leur mérite ; car, ainsi qu'il vient d'être dit il y a un instant, elles appartiennent essentiellement au peuple, elles servent à le délasser et à le distraire de ses rudes travaux ; au village, elles animent les danses et souvent se confondent avec elles, sans qu'en cette occasion l'on puisse décider précisément si la musique a été composée pour la danse, ou bien la danse pour la musique ; car les mouvements cadencés de la première semblent être, ainsi que les sons mélodieusement prolongés de la seconde, une sorte de nécessité mise par la nature dans le cœur de la jeunesse.

Remarquez bien que l'on donne ici le nom de chansons *nationales* à toutes les conceptions poético-musicales particulières à un peuple, et non pas seulement aux chansons *patriotiques* qui sont nationales par excellence. En faisant à ces dernières l'application des principes posés jusqu'ici, le degré d'évidence augmentera, et chaque nouvelle observation viendra corroborer l'idée que l'on doit se faire de l'importance de la musique dans les chansons. Les morceaux qui ont été assez heureux pour prendre un caractère vraiment patriotique n'ont plus même besoin de la poésie pour exciter l'enthousiasme : on en pourrait citer une foule d'exemples. En négligeant tout ce qui concerne l'antiquité, rappelons-nous que pendant plusieurs siècles la chanson de Rolland conduisit les preux français à la victoire, et leur apprit comment on affronte les périls et la mort. A une époque plus rapprochée, et en partant de données différentes, nous verrons les soldats suisses fondre en larmes dès qu'il entendent jouer les *Ranz* de leurs montagnes, et déserter en foule au son de ces charmantes et innocentes mélodies qui rappelaient à leurs cœurs émus des parents, des amis, les douces années de leur enfance. En d'autres temps les Écossais, battus à Quebec, réclament leurs cornemuses, et aussitôt qu'elles ont commencé à jouer un air national, ils se forment bravement en arrière-garde. Voulez-vous des exemples qui soient de nos jours ? rappelez-vous quelle fut l'émotion des anciens serviteurs de la royauté lorsqu'au retour des Bourbons ils entendirent leur air chéri, l'air antique et caractéristique de *Vive Henri IV*. Et, quinze ans après, fut-il long à se réveiller l'enthousiasme des vieux soldats de la république, lorsqu'en 1830 la *Marseillaise* fut chantée par toutes les bouches ? Hymne sublime et jamais assez vanté, qui se répétera désormais toutes les fois qu'un peuple opprimé devra conquérir son indépendance, qui conduira les fils de la patrie à la victoire et les ramènera triomphants dans leurs foyers ! Non, l'admirable inspiration de Rouget de Lisle n'est plus seulement un chant national des Français, c'est le chant de délivrance universelle, c'est le chant sacré que les peuples doivent répéter tour à tour jusqu'au moment heureux qui les réunira tous en une *alliance* vraiment *sainte ;* alors seulement, comme autrefois les Israëlites après le passage de la mer Rouge, ils pourront d'une voix unanime chanter le CANTIQUE NOUVEAU, le cantique de jubilation universelle qui dira les merveilles de la rénovation sociale et signalera pour les peuples, pour les gouvernements, pour les arts, l'ouverture d'une ère nouvelle que l'on peut entrevoir déjà, dans un lointain fort appréciable, toute resplendissante de vertu et de génie, de gloire et de liberté.

www.ingramcontent.com/pod-product-compliance
Lightning Source LLC
Chambersburg PA
CBHW061522040426
42450CB00008B/1744